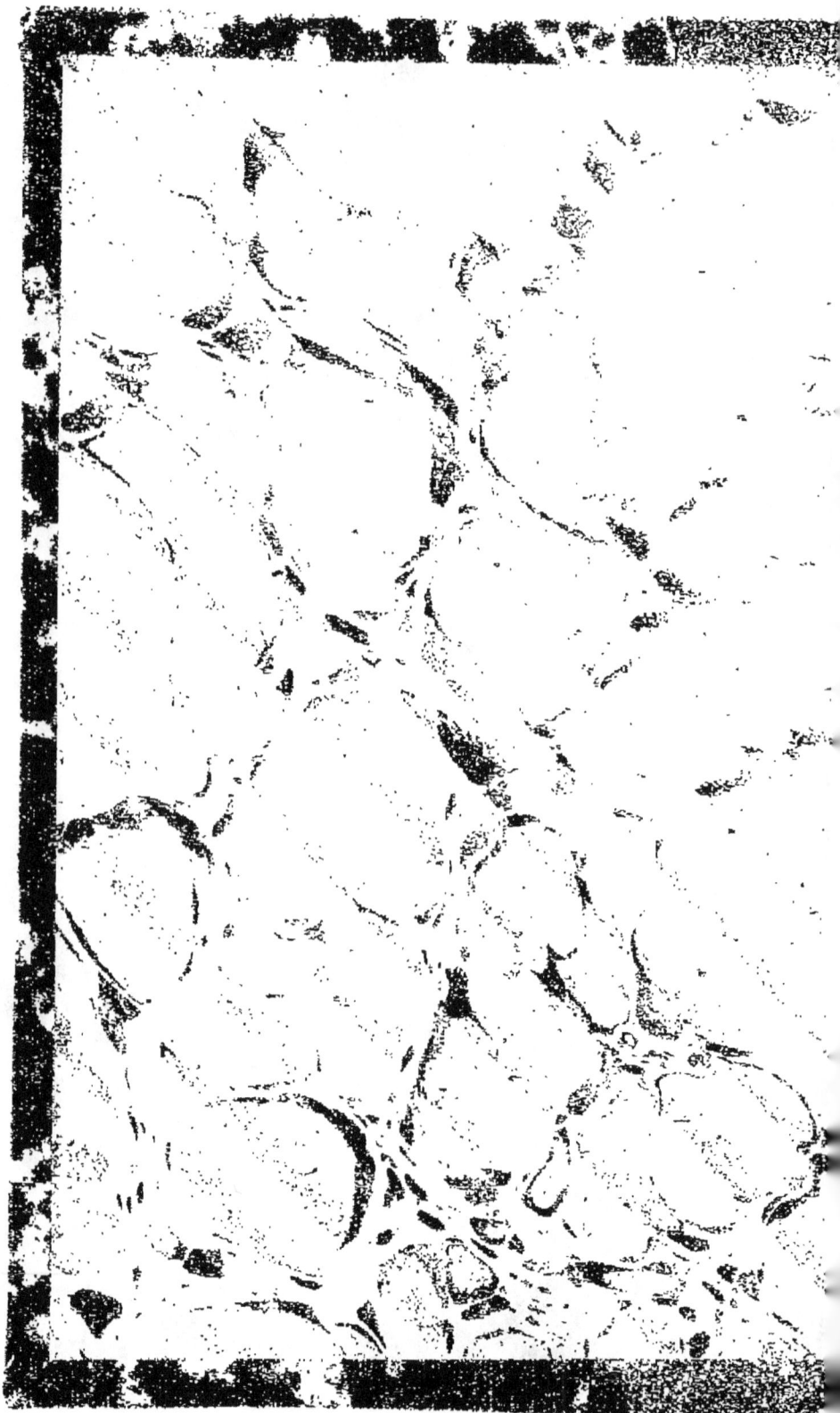

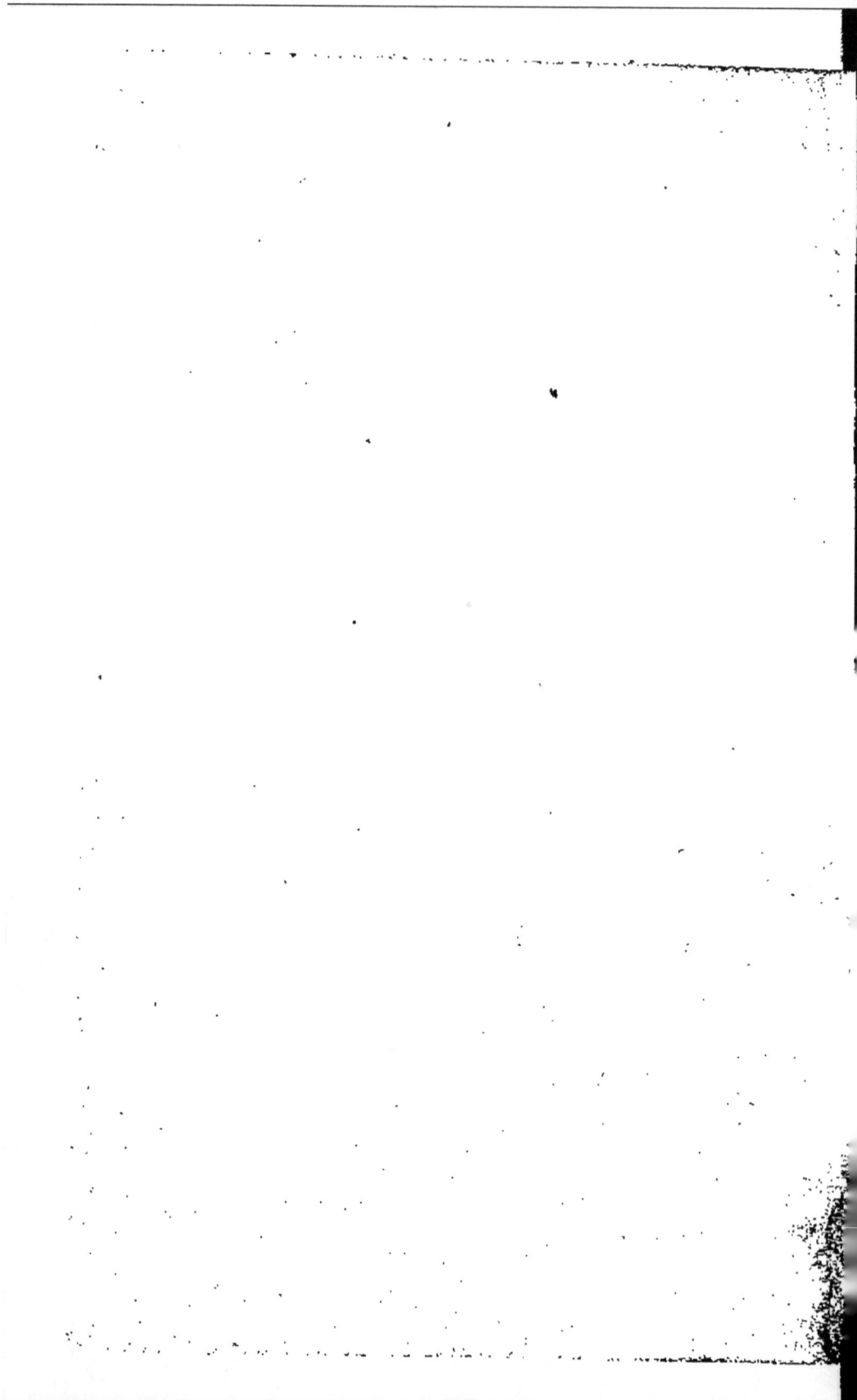

CODE

DES STATUTS

ET RÉGLEMENS

Pour le Chapitre de la Franche Amitié, régulièrement constitué à l'O∴ de Verdun.

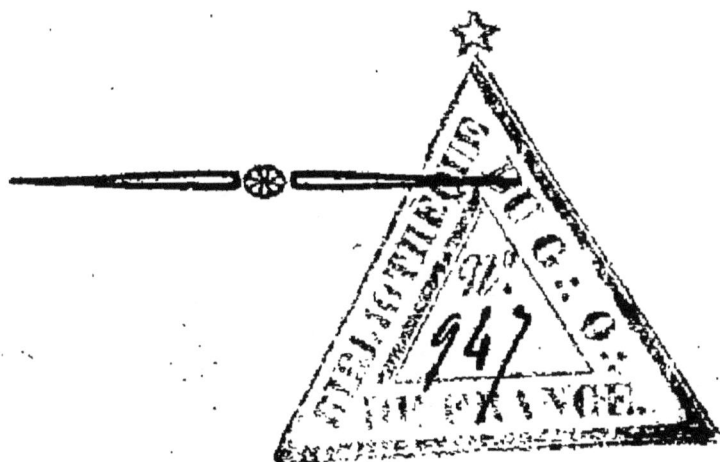

A VERDUN,

Chez N. PRICOT, Imprimeur du Chap∴

— An 5811. —

INTRODUCTION.

UN Réglement est une loi que s'imposent ceux qui le sanctionnent. Dans toute circonstance prévue par lui, chacun a droit d'en exiger l'éxécution, rigoureuse; nul n'a le droit d'élever sa volonté particulière contre la volonté commune, exprimée par le Réglement; la parole ne peut être accordée que pour discuter la justesse de son application.

Mais s'il est nécessaire de contenir dans des règles fixes la volonté changeante des membres de toute association, l'expérience, qui apprend à juger des effets de ce Réglement, autorise chacun à y proposer des réformes ou augmentations à des époques fixées et dans les formes ci-après déterminées:

Pour qu'une proposition de changement soit accueillie par le Chapitre, il faut,

1.° Qu'elle soit appuyée au moins par trois membres;

2.° Qu'après sa discussion l'Orateur conclue ;

3.° Qu'elle soit renvoyée au Conseil d'Administration , qui sera tenu de faire son rapport à la prochaine tenue d'obligation, dans laquelle cette proposition sera décidée au scrutin secret; et la décision sera convertie seulement alors en article réglementaire.

4.ᵉ Le nombre des voix , formant la majorité nécessaire , sera des quatre cinquièmes des membres présens , d'après une convocation générale annonçant une proposition de changement au Réglement.

TITRE PREMIER.

Composition de l'Atelier des Hauts-Grades.

ARTICLE PREMIER.

L'ATELIER des hauts-grades sera composé des E∴, Ec∴, Ch∴ d'O∴ et R∴ C∴ qu'il aura initiés et affiliés.

ART. II.

Cet Atelier sera divisé en quatre Ordres.

ART. III.

Le premier sera désigné sous le titre de SOUVERAIN CHAP∴; il ne sera composé que de R∴ C∴

ART. IV.

Le second sera connu sous le nom de Chap∴ du 3.ᵉ Ordre. Les R∴ C∴ et les Chev∴ d'O∴ y seront seuls admis.

A R T.   V.

Le troisième sera le Conseil du 2.ᵉ Ordre ;
les R∴ C∴ les Chev∴ d'O∴ et les Eco∴
le composeront.

A R T.   V I.

Le quatrième, enfin, se nommera Conseil
du I.ᵉʳ Ordre, dont tous les membres de
l'Atelier des hauts grades feront partie.

A R T.   V I I.

Les membres du Chap∴ en ses quatre
Ordres, ne pourront excéder soixante-un
actifs, dans lesquels il ne pourra être plus
de trente-trois S∴ P∴ R∴ C∴

T I T R E   I I.

Des Grades.

A R T.   V I I I.

L'Atelier ne reconnaît que les quatre grades
dénommés à l'art. premier du premier titre.

A R T.   I X.

On ne pourra posséder aucun de ces grades
avant vingt-sept ans accomplis et celui de
R∴ C∴ avant trente-trois.

A R T.   X.

L'atelier ne pourra conférer aucun des

hauts grades à un M.tre d'un O∴ étranger, sans y être invité par la L∴ dont ce F∴ sera membre.

ART. XI.

Quelque soit l'âge ou le grade d'un F∴ il ne pourra obtenir d'augmentation de paye, qu'après avoir assisté au moins à trois assemblées du grade qu'il possède ; cependant le Chap∴ se réserve le droit d'accorder dispense d'une des trois assemblées dans un cas d'urgence, et après avoir subi un examen qui prouve qu'il mérite de l'avancement.

ART. XII.

Le S∴ C∴ ne pourra donner le sublime grade de R∴ C∴ aux membres domiciliés dans l'O∴ que deux fois l'année ; savoir , dans les quinze jours qui précéderont Pâque et la Pentecôte.

TITRE III.

Des Receptions et Affiliations.

ART. XIII.

L'Atelier ne doit être composé que de Maçons de mœurs pures et exempts de reproches ; celui qui aurait encouru quelque tache légale, que sa conduite aurait privé de l'estime publique, ne pourra être reçu aux grades supérieurs ni même affilié.

ART. XIV.

Les scrutins pour réceptions seront nécessairement passés dans une tenue du grade pour lequel on propose, et convoquée *ad hoc*.

On passera toujours les scrutins pour affiliations, dans une assemblée d'obligation, à moins que le Chap∴, pour des motifs extraordinaires n'en ait décidé autrement à la majorité.

Le scrutin ne sera jamais passé dans l'assemblée où la proposition aura été faite.

ART. XV.

Si le scrutin offre plus de trois boules noires, l'aspirant sera refusé et ne pourra plus être représenté; s'il en offre une, deux ou trois, il sera de suite recommencé pour s'assurer si elles n'y ont pas été mises par erreur; si le second scrutin offre encore une, deux ou trois boules noires, il sera renvoyé à l'assemblée suivante; si à la seconde assemblée le scrutin présente une boule noire, la proposition sera ajournée à trois mois; s'il en présente deux, l'ajournement sera de six mois, et d'une année s'il s'en trouve trois.

Ces délais expirés, un nouveau scrutin ne sera passé que d'après une nouvelle proposition.

ART. XVI.

Le nombre de réceptions que les Chap∴ ou Conseils pourront faire en un jour, ne sera point fixé ; mais on mettra tout le temps nécessaire pour les faire avec régularité.

ART. XVII.

Le prix des réceptions est fixé ainsi qu'il suit, savoir :

Pour le grade d'Elu . . . . 12 fr.
Pour celui d'Ecoss∴ . . . . 12.
Pour celui de Chev∴ d'O∴ . . . 24.
Pour celui de R∴ C∴ . . . . 72.
et 5 livres de bougie.

ART. XVIII.

L'affiliation à l'At∴ pour quelque grade que se soit, sera de 25 fr. Indépendamment du prix fixé, il sera payé 3 fr. par chaque grade, ou pour l'affiliation, pour les honoraires des FF∴ servans.

Le prix des affiliations des Militaires tenans à un corps ne sera que de 12 fr.

ART. XIX.

Avant de procéder à aucune réception ou affiliation, l'aspirant sera tenu de produire la quittance du F∴ Trésorier, du montant du prix de sa réception ou de son affiliation ; ce dernier devra s'y opposer, si cette formalité n'a pas été remplie.

Le T∴ S∴ ne pourra procéder à la réception, avant que la quittance lui ait été présentée.

ART. XX.

L'Atelier se réserve le droit d'accorder les hauts grades, sans rétribution, à ceux des M∴ qui se seraient distingués, et dont la fortune ne leur permettrait pas d'en faire les frais ; mais ces cas seront rares, et ne pourront avoir lieu que du consentement unanime, dans trois assemblées différentes, des membres de l'Atelier pour lequel le F∴ sera proposé.

ART. XXI.

Si on laisse passer six mois entre le scrutin et la reception ou l'affiliation, on ne pourra plus être admis qu'après un nouveau scrutin.

TITRE IV.

Des Dignitaires.

ART. XXII.

Le nombre des Officiers dignitaires de l'Atelier des hauts grades est fixé à douze, qui sont :

Le Très-sage.
Le 1.er Surv∴.
Le 2.e Surv∴.
L'Orateur.
Le Secrétaire.
Le Trésorier.
Le Garde des sceaux et archives.
Le M∴tre des cérémonies.
L'Architecte.
Le 1.er expert.
Le 2.e expert.
L'Hospitalier.

ART. XXIII.

Les Dignitaires seront les mêmes pour les quatre sections de l'Atelier.

XXIV.

Chacun des officiers se conformera pour l'exécution des fonctions de sa place, aux instructions prescrites par les cahiers du G∴ O∴.

ART. XXV.

En l'absence du T∴ S∴ ses fonctions seront remplies par le premier Surv∴t, en l'absence de celui-ci, par le second, et enfin par le plus ancien R∴ C∴.

ART. XXVI.

En cas de départ ou de longue absence

d'un Dignitaire, l'At∴ pourvoira à son remplacement, ainsi qu'il est prévu par les arts. II et IV. du titre VI.

~~~~~~

TITRE V.

Chambre d'Administration.

ART. XXVII.

L'Atelier aura une chambre d'Administration qui sera composée de trois membres, indépendamment du T∴ S∴ et du Secrétaire, qui en sont membres nés.

ART. XXVIII.

Elle nommera dans son sein un Président, qui sera réélu tous les trois mois ; il pourra être continué.

ART. XXIX.

La Chambre sera chargée du matériel et du contentieux ; de la vérification des comptes, qu'elle appuyera et arrêtera ; des ordonnances de payement ; de la révision des réglemens ; de tous les objets d'intérêt majeur, qui ne pourront être discutés en Chap∴ que sur le rapport de la Chambre.

A R T. X X X.

Tous les rapports de la Chambre seront lus en Chap∴ et arrêtés ou rejetés par lui, à la majorité.

A R T. X X X I.

La Chambre donnera connaissance à l'At∴ des arrêtés qu'elle aura pris ; il en sera fait mention sur la planche.

A R T. X X X I I.

Les jours d'assemblée de la Chambre sont fixés au troisième jeudi de chaque mois.

A R T. X X X I I I.

Aucune proposition ou arrêté de la Chambre d'Administration ne sera valable s'il n'est pris au moins par trois de ses membres.

A R T. X X X I V.

Toutes les propositions ou arrêtés seront soumis au scrutin secret ; les boules blanches seront toujours pour l'affirmative, et les noires pour la négative.

T I T R E V I.

Des Elections.

A R T. X X X V.

L'Élection de tous les Dignitaires de l'Atelier

se fera chaque année dans l'Assemblée qui précédera le Jeudi-Saint; ce travail sera spécialement annoncé dans les lettres de convocation

ART. XXXVI.

Les membres de la Chambre d'Administration seront élus dans la même séance, immédiatement après la nomination des Dignitaires.

ART. XXXVII.

Les Officieres dignitaires et les membres de la Chambre d'Administration ne pourront être choisis que parmi les S∴ P∴ R∴ C∴

ART. XXXVIII.

Les élections seront faites à la pluralité absolue des suffrages.

ART. XXXIX.

Le temps de l'exercice des Dignitaires et des membres de la Chambre d'Administration sera d'une année, mais ils pourront être réélus.

TITRE VII.
Des Assemblées.

ART. XL.

L'Atelier des hauts grades fixe le jour de ses assemblées d'obligation au 4.e jeudi de chaque mois. Elles se tiendront en Conseil de 1.er ordre.

ART. XLI.

Il sera toujours libre au T.·. S.·. de convoquer extraordinairement, quand le cas l'exigera.

ART XLII.

Lui seul en aura le droit, ou en son absence, celui qui le remplacera.

ART. XLIII.

Les travaux d'obligation et extraordinaires seront toujours annoncés, au moins deux jours à l'avance, par des lettres de convocation, qui indiqueront l'objet pour lequel on convoque.

ART XLIV.

Les travaux seront toujours ouverts une demi-heure au plus tard après celle annoncée par la convocation.

ART. XLV.

Nul ne pourra se dispenser de se trouver aux assemblées d'obligation sans les causes les plus légitimes ; dans ce cas, il sera nécessaire d'en prévenir le F.·. Secrétaire.

A R T. X L V I.

Si un F∴ laisse passer trois assemblées d'obligation sans assister aux travaux, et sans instruire l'At∴er des motifs de son absence, il lui sera écrit ; s'il répond, l'Atelier jugera de la validité ou de l'invalidité de ses raisons ; mais s'il ne répond pas. et qu'il laisse encore passer trois assemblées sans assister aux travaux, il sera rayé du tableau, et on le préviendra de sa radiation.

A R T. X L V I I L

Pour faciliter l'exécution de l'article précédent, le nom des FF∴ présens sera toujours inscrit en marge de la planche à tracer, et le F∴ Orateur est spécialement chargé de tenir note de FF∴ absens.

A R T. X L V'I I I.

Si un Officier dignitaire laisse passer trois assemblées sans assister aux travaux, et sans donner son exoine motivée et jugée valable, il sera remplacé après lui avoir rappellé les dispositions du présent article.

T I T R E V I I I.

De la cotisation annuelle.

A R T. X L I X.

Tous les Membres actifs de l'At∴er des hauts grades payeront, à titre de cotisation, une somme de douze francs par année, entre les mains du F∴ Trésorier.

ART. L.

Cette somme se payera toujours d'avance, par trimestre, et il en sera donné quittance.

TITRE IX.

Du droit de présence.

ART. LI.

Chaque F∴ présent aux assemblées d'obligation aura droit à un jeton de la valeur de six sous.

ART. LII.

Immédiatement après la lecture de la correspondance, le F∴ Secrétaire fera l'appel des présens.

ART. LIII.

Ceux des FF∴ qui se trouveront à cet appel, et ceux qui auront demandé l'entrée du Temple pendant qu'il se faisait, seront inscrits sur une feuille de présence, laquelle sera aussitôt arrêtée par le T∴ S∴ et par le Secrétaire, et remise au Trésorier; ce dernier remettra à tous les FF∴ inscrits sur cette feuille, et avant la sortie de la L∴ une carte dont la forme sera déterminée par la Chambre, et qui représentera une valeur de six sous.

ART. LIV.

Le droit qui aurait dû être payé aux FF∴ absens, s'ils eussent été présens, sera versé dans le tronc des pauvres, et la feuille de présence en fera mention.

ART. LV.

Les cartes de présence seront reçues en payement de tout ce qui pourra être dû au Chap∴ par ses Membres.

TITRE X.

Des Associés libres.

ART. LVI.

Un F∴ qui sera Membre actif de l'At∴er et qui sera obligé de quitter l'O∴, sera inscrit sur le tableau comme associé libre.

ART. LVII.

Il cessera dès ce moment de participer aux charges de l'At∴.

ART. LVIII.

Si ce F∴ est R∴ C∴ et qu'il soit du nombre des Dignitaires, il sera pourvu à son remplacement, ainsi qu'il est prévu par l'art. XXXVI.

ART. LIX.

Si ce F∴ desire conserver le titre et les

prérogatives de Membre actif, il sera obligé de demander un congé limité du S.·. C.·. et de payer, absent comme présent, sa cotisation.

ART. LX.

Lorsque les Associés libres seront rentrés dans l'O.·. et qu'ils n'auront pas cessé d'être Maçons réguliers, ils seront de plein droit membres actifs, si le nombre n'en est pas complet.

TITRE XI.

Des Tableaux de l'Atelier.

ART. LXI.

Il sera fait, immédiatement après l'élection des Dignitaires, un tableau général par grade des membres qui composent l'At.·.er

ART. LXII.

Une copie sera faite et adressé au G.·. O.·.; elle sera signée *Manu propriâ* par tous les FF.·.

Un tableau imprimé sera remis à chaque membre actif.

TITRE XII.

Des Décorations.

ART. LXIII.

Aucun F.·. ne sera admis à l'At.·. sans être décoré.

ART. LXIV.

Les décorations des grades supérieurs seront admises dans les travaux inférieurs ; mais les décorations inférieures ne seront point reçues dans les grades supérieurs.

ART. LXV.

Il n'en sera point reconnu d'autres que celles fixées par le G∴ O∴.

TITRE XIII.

Finances et comptabilité.

ART LXVI.

Les recettes de l'At∴er seront composées du prix des réceptions, des affiliations, des cotisations mensales et des brefs.

ART. LXVII.

Les fonds de la caisse de bienfaisance se composeront du produit des quêtes, des dons particuliers que chaque F∴ voudra faire, et des cartes des FF∴ absens aux assemblées d'obligation.

ART. LXVIII.

Les deux caisses seront entre les mains du F∴ Trésorier, qui en sera responsable.

ART. LXIX.

Les dépenses seront toutes justifiées par quittances signées par les parties prenantes, et visées par le Président de la Chambre d'Administration.

ART. LXX.

Le Trésorier ne pourra acquitter aucun mémoire ni faire aucun payement sans y être autorisé par la Chambre d'Administration, qui expédiera à cet effet les ordonnances nécessaires.

ART. LXXI.

Dans aucuns cas, les fonds de la caisse de bienfaisance ne pourront être employés qu'au soulagement et au bien de l'infortuné.

ART. LXXII.

Les comptes annuels seront rendus, avec toutes les pièces à l'appui, dans l'assemblée générale qui suivra immédiatement le Jeudi-Saint.

ART. LXXIII.

Ils seront remis avant à la Chambre d'Administration pour les vérifier.

ART. LXXIV.

La Chambre rendra compte, à la première assemblée, du résultat de son examen, et s'il n'y a point d'opposition, elle sera autorisée à les arrêter et à en donner décharge au F∴ Trésorier.

ART. LXXV.

Pour l'ordre de la comptabilité, il sera tenu deux registres ; l'un pour la caisse de l'At∴er, l'autre pour la caisse de Bienfaisance. Ces registres seront conformes aux modèles donnés par la Chambre.

ART. LXXVI.

Il sera également tenu un état à douze colonnes, pour cotisation mensale.

ART. LXXVII

Le Trésorier ne pourra, sous aucun prétexte, laisser des sommes arriérées ; il sera tenu de justifier des diligences qu'il aura faites pour faire rentrer celles qui pourraient être dues ; et si c'est par sa négligence qu'elles ne le sont pas, il en sera responsable.

ART. LXXVIII.

Le modèle du compte annuel sera dressé par la Chambre d'Administration, et approuvé par l'At∴er ; le F∴ Trésorier sera invité à le remplir dans la même forme.

ART. LXXIX.

Le T∴ S∴ et le Président de la Chambre d'Administration seront vérificateurs nés des deux caisses.

ART. LXXX.

L'A∴er payera chaque année au G∴ O∴ un don gratuit de 25 francs.

TITRE XIV.

Des Banquets.

ART. LXXXI.

Il y aura chaque année deux Banquets obligatoires, l'un à Pâque, l'autre à la Pentecôte ; tous les Membres des quatre sections seront obligés d'y assister.

ART. LXXXII.

Le prix est fixé à 6 francs ; l'excédent des frais sera acquitté par la caisse du Chap.˙.

TITRE XV.

Des Dérogations et de l'interprétation du Réglement.

ART. LXXXII.

Il ne pourra être dérogé en aucune manière au présent Réglement, que par le S.˙. Chap.˙. en son 4.ᵉ Ordre, en présence des trois quarts au moins des Membres qui le composent, et à la Majorité des sept huitièmes des FF.˙. présens à l'assemblée.

Il sera convoqué *ad hoc*, et les lettres de convocation annonceront que c'est pour discussion réglementaire.

ART. LXXXIV.

Dans aucun cas les conseils des trois premiers ordres ne pourront prononcer ni sur les dérogations, ni sur l'interprétation du Réglement.

ART. LXXXV.

Tous les arrêtés pris contrairement aux deux articles précédens seront nécessairement nuls, et devront être rapportés sur la simple demande d'un F∴ qui prouvera qu'ils sont contraires au réglement.

ART. LXXXVI.

L'interprétation du Réglement appartient au Souv∴ Chap∴ seul; mais il ne pourra qu'en se conformant à l'art. 85, donner une interprétation qui détruirait ou atténuerait l'effet d'un ou plusieurs articles.

Fait et rédigé par nous Commissaires nommés à cet effet par le S∴ Chap∴ dans son assemblée du 11.e jour du 2.e mois 5811, pour être par lui discuté et définitivement arrêté s'il y a lieu.

A l'O∴ de Verdun, le 4.e jour du 3.e mois 5811.

Signé LEFEBURE, T∴ S∴ MORLANT, 1.er S∴ JEANDIN, 2.e S∴ BÉGUINET, Secrét∴

EXTRAIT

D U

LIVRE D'ARCHITECTURE

Du S∴ Chap∴ de la franche amitié à l'O∴ de Verdun.

LE S∴ C∴ de la franche amitié régulièrement constitué à l'O∴ de Verdun, voulant établir par des lois sages, l'immutabilité de ses opérations, et leur donner ce degré de force indispensable aux actes émanés d'une société respectable.

Considérant que la régularité des travaux exige que l'on ait une base certaine qui puisse dissiper les doutes et éclairer les Chevaliers dans leurs délibérations et arrêtés;

Considérant enfin, qu'un code réglementaire est indispensable à l'ordre d'une bonne administration;

Après avoir entendu le rapport de la commission nommée en assemblée générale du Conseil, dans la séance du 4.º jour du troisième mois 5811, pour présenter un projet de réglement;

Déclare adopter, pour loi de son régime propre et particulier, le présent réglement qu'il s'oblige envers ses membres, comme ils s'obligent respectivement envers lui, sous la garantie de la justice et de l'honneur, d'exécuter et faire exécuter à l'avenir tous et chacun des articles qu'il contient sous la réserve néanmoins des arrêtés du G∴ O∴ qui y seraient contraires, pour l'exécution desquels il pourra y être dérogé pour se conformer aux lois de l'autorité suprême.

Arrête en outre que, conformément à l'art. IIe, section I.ᵉʳᵉ du Chapitre XI des réglemens généraux du G∴ O∴ copie des présentes lui sera adressée, pour obtenir son approbation.

Donné en Chapitre, régulièrement assemblé, de notre autorité et pleine puissance, le 9.ᵉ jour du 3.ᵉ mois (anno lucis) 5811., et de l'ère Chrétienne 9 Mai 1811.

(Signé) LEFEBURE, T∴ S∴ MORLANT, 1.ᵉʳ Surv∴ JEANDIN, 2.ᵈ Surv∴ VARAIGNE, Orat∴ et BÉGUINET, Sec∴

Par mandement du Souv∴ Chap∴

(Signé) BÉGUINET, Secrétaire.

Timbré et Scellé par nous Garde-des-Sceaux et Archives,

Signé. VIARD.

TABLEAU

DES F∴ F∴

COMPOSANT le SOUV∴ CHAP∴

DE LA FRANCHE AMITIÉ,

A L'O∴ DE VERDUN,

A l'époque du 9.ᵉ jour du 3.ᵉ mois de l'an 5811; ère Chrétienne 9 Mai 1811.

NOMS DES F∴ F∴	PRÉNOMS.
LEFEBURE,	Louis
MORLANT,	Louis–François
JEANDIN,	Nicolas
VARAIGNE,	Joseph–Antoine
BÉGUINET,	Henry–Alexandre
LAROCHE,	Charles
VIARD,	Nicolas–Thomas
GAND,	Louis

QUALITÉS CIVILES.	GRADES Maçonniques	DIGNITÉS dans le Chap∴
Sous-Préfet, ...	S∴P∴R∴†	T∴ S∴
Greffier en chef du Tribunal Civil,.	S∴P∴R∴†	1.er Surv∴
Négociant, Juge au Tribunal de Commerce,....	S∴P∴R∴†	2.d Surv∴
Avoué, ...	S∴P∴R∴†	Orateur.
Licencié-Avoué,.	S∴P∴R∴†	Secrétaire.
Receveur des Contributions de Verdun, ...	S∴P∴R∴†	Trés∴
Négociant, Juge Suppl.t au Tribunal de Commerce,.........	S∴P∴R∴†	Garde des S∴ et Arch∴
Négociant, Maire de la ville de Verdun, ...	S∴P∴R∴†	M∴ des Cér∴

NOMS DES F∴ F∴	PRÉNOMS.
ANTOINE,..........	Jean-Baptiste,......
HOUZELLE,........	Pierre-Antoine, ...
D'ALLONVILLE,...	Alexandre-Louis....
LESPINE,..........	Pierre-Charles, ...
PÉRIN,...........	Nicolas,...........
LABIFFE,.........	....
DIDIER,..........	Amand,...........
GEOFFROY,.......	Jean-Marie,.......

QUALITÉS CIVILES.	GRADES Maçoniques.	DIGNITÉS dans le Chap∴
Négociant , Juge au Tribunal de Commerce , ...	S∴P∴R∴†	Arch∴
Propriétaire , ...	S∴P∴R∴†	1.er Exp∴
Inspecteur des Domaines , ...	S∴P∴R∴†	2.d Exp∴
Docteur en Chirurgie , ...	S∴P∴R∴†	Hosp∴
Nég.t Juge suppl.t au Tribunal de Commerce , ...	S∴P∴R∴†	
Major du 11.e Rég. de Chasseurs a cheval , ...	S∴P∴R∴†	
Receveur des Contributions , ...	S∴P∴R∴†	
Receveur des Domaines ,........	S∴P∴R∴†	

NOMS DES F∴ F∴.	PRÉNOMS.
DESIRAT, ...	Mathieu, ...
GUINART, ...	Julien, ...
DE TANCARVILLE,.	Charles — Antoine — BATAILLE,.......
ELIOS, ...	Henry, ...
GABRIEL, ...	Simon, ...
VINATY, ...	Antoine, ...

QUALITÉS CIVILES.	GRADES Maçoniques.
Colonel au 11.ᵉ Régiment de Chasseurs à cheval, ...	S∴P∴R∴†
Chef d'Escadron dudit Régiment,	S∴P∴R∴†
. . . . . *Idem*, ...	S∴P∴R∴†
Ancien Chef de Bataillon, ...	S∴P∴R∴†
Substitut du Procureur Impérial,	S∴P∴R∴†
Receveur de l'Arrondissement de Verdun , ...	S∴P∴R∴†

FAIT, clos et arrêté par Nous Officiers Dignitaires, au nom du S∴ Chap∴ de la Franche Amitié,

À l'Or∴ de Verdun, le 9.ᵉ jour du 3.ᵉ mois (anno lucis) 5811, et de l'ère Chrétienne 9 Mai 1811.

Signé, LEFEBURE, T∴ S∴ MORLANT, 1.ᵉʳ S∴ JEANDIN, 2.ᵉ S∴ VARAIGNE, Orat∴ et BÉGUINET, Sec∴

Par mandement du S∴ Chap∴
Le Secrétaire,
Signé, BÉGUINET.

Timbré par nous Garde des T∴ S∴ *et Arch∴*
Signé, VIARD.

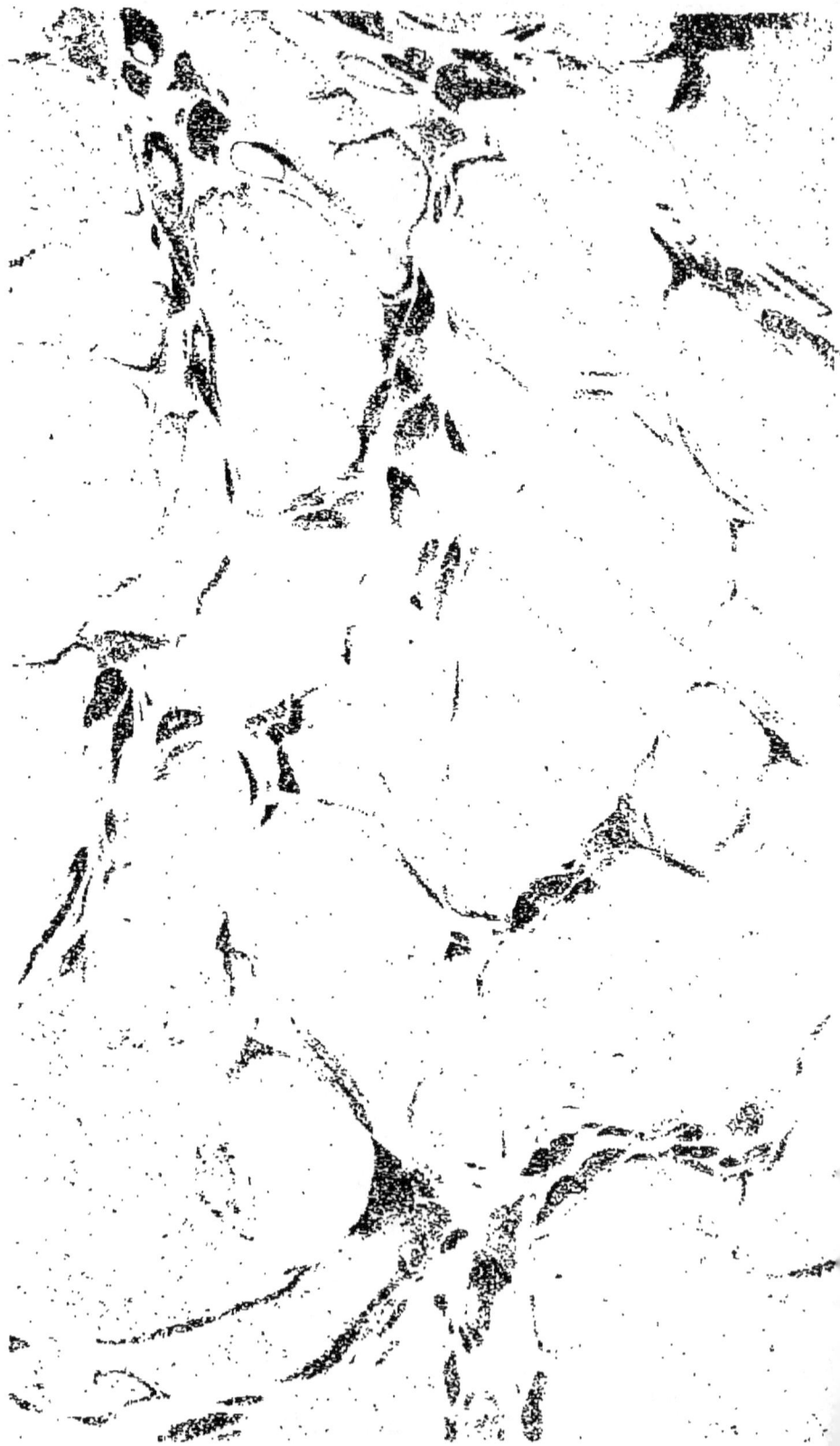

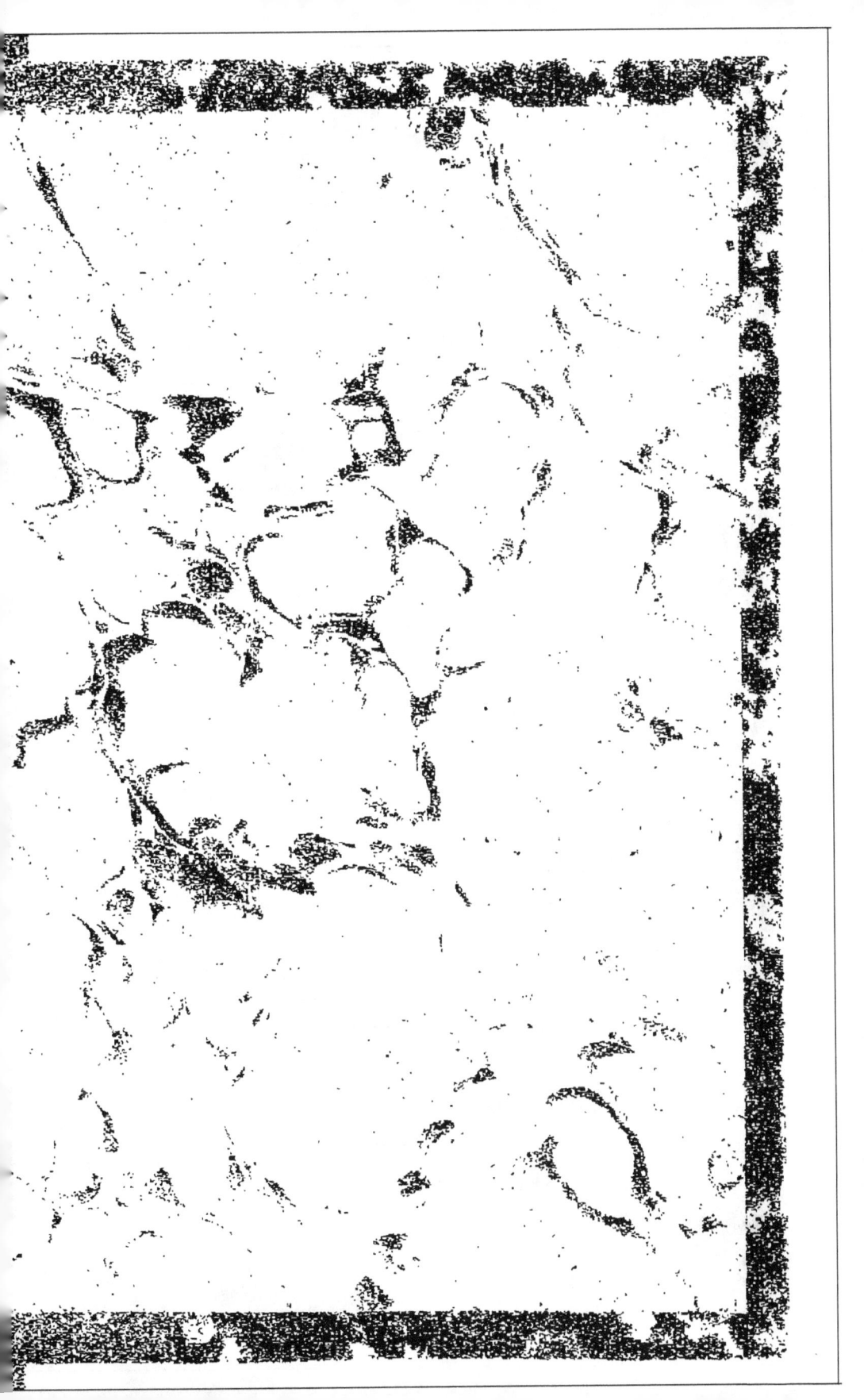

www.ingramcontent.com/pod-product-compliance
Lightning Source LLC
Chambersburg PA
CBHW070955280326
41934CB00009B/2074